© Testun: Mererid Hopwood, Tudur Dylan Jones, 2019
© Dyluniad: Peniarth,
Prifysgol Cymru Y Drindod Dewi Sant, 2019

Golygwyd gan Anwen Pierce

Delweddau: © Shutterstock.
© Alamy.

Cyhoeddwyd yn 2019 gan Ganolfan Peniarth.

Nodyn i'r athro

<u>Beth yw Darllen Cilyddol neu Ddarllen Tîm?</u>

Strategaeth i wella dealltwriaeth o ddarllen yw Darllen Cilyddol neu Ddarllen Tîm

- Mae'n arfogi dysgwyr gyda'r sgiliau angenrheidiol i hunanwella eu dealltwriaeth o destunau anghyfarwydd.

- Mae'n defnyddio natur gymdeithasol dysgu o fewn grŵp a gweithio fel tîm i gadarnhau hunanddealltwriaeth a dealltwriaeth eraill o'r testun.

- Bydd y dysgwyr yn gweithio fel tîm i ymarfer sgiliau cipddarllen a llithrddarllen, cwestiynu a hunanholi, gwneud casgliadau, a phennu pwysigrwydd yr wybodaeth.

- Byddant yn mabwysiadu rôl benodol o fewn y tîm a fydd yn hyrwyddo'r sgiliau uchod yn systematig. Mae 5 rôl o fewn y tîm: **Rhagfynegwr, Esboniwr, Cwestiynwr, Crynhowr, Arweinydd** (i lywio'r drafodaeth).

<u>Cynnwys llyfrau Cyfres Cnoi Cil</u>

- Mae'r 5 cerdyn yn egluro gofynion pob rôl ac yn enghreifftio'r math o iaith y dylid ei defnyddio wrth drafod gyda'r tîm a chyflawni'r rôl honno.

- Mae pob llyfr wedi ei rannu i bum thema, gyda thestun y themâu yn ymestyn dros ddwy dudalen. Gall pob thema fod yn destun un wers neu'n weithgaredd darllen wythnosol.

- Bydd eicon pob rôl yn ymddangos mewn man penodol o fewn y thema i ddynodi ble gellir annog trafodaeth i hyrwyddo'r sgiliau perthnasol.

Sut mae defnyddio'r pecyn a gweithredu'r strategaeth yn y dosbarth?

Gweithredir Darllen Cilyddol neu Ddarllen Tîm i greu system benodol i'r dull darllen dan arweiniad

- Efallai bydd angen ymarfer y sgiliau a'r strategaethau sy'n cael eu hyrwyddo drwy'r rolau mewn sesiynau dyddiol yn gyntaf, cyn ymgymryd â'r gwaith o ddarllen y llyfr.

- Pan mae'r dysgwyr yn deall y strategaethau, dewiswch y tîm a phennwch Rhagfynegwr, Esboniwr, Cwestiynwr a Chrynhowr. (Yr athro fydd yr Arweinydd wrth i'r drefn gael ei sefydlu yn yr ysgol. Fodd bynnag, wrth i'r dysgwyr ymgyfarwyddo ac aeddfedu gellir pennu dysgwr yn Arweinydd).

- Trafodwch yn gryno beth yw gofynion pob rôl gan egluro y bydd pawb yn cymryd rhan yn y drafodaeth wedi i ddeilydd y rôl gychwyn y drafodaeth. Esboniwch mai tîm ydy'r grŵp, ac mai cyfrifoldeb pob aelod ohono yw sicrhau ei fod ef ei hunan, yn ogystal ag aelodau eraill o'r tîm, yn deall y testun.

- Gall pob aelod ddarllen rhan o'r testun yn ei dro tra mae'r gweddill yn ei ddilyn. Dylid pwyllo ac annog trafodaeth pan welwch eicon y Rhagfynegwr, Esboniwr, Cwestiynwr, neu Grynhowr yn ymddangos ar y dudalen.

- Gall yr arweinydd sbarduno trafodaeth ehangach gan annog defnydd o sgiliau cymharu, aralleirio, creu delweddau, cydymdeimlo, gwneud cysylltiadau a chymharu gyda thestunau eraill pan fo hynny'n briodol.

- Mae cyfle ar ddiwedd y llyfr i annog dysgwyr i ymarfer eu sgiliau siarad a gwrando drwy "Dweud dy ddweud" a dwyn i gof rai o'r ffeithiau maent wedi eu dysgu ar ôl ei ddarllen.

Cynnwys

Yr Anthem Genedlaethol

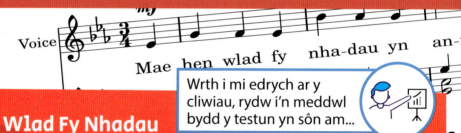

Mae Hen Wlad Fy Nhadau

Wrth i mi edrych ar y cliwiau, rydw i'n meddwl bydd y testun yn sôn am...

Wrth weld tîm rygbi neu bêl-droed Cymru yn rhedeg allan ar y maes cenedlaethol neu wrth orffen cyngerdd, mae nodau a geiriau un gân yn dod i'r meddwl, sef *Hen Wlad Fy Nhadau*. Erbyn hyn, mae miloedd ar filoedd o Gymry yn gwybod geiriau'r gân. Tybed a wyddech chi mai dim ond tua chant a hanner o flynyddoedd oed yw'r gân?

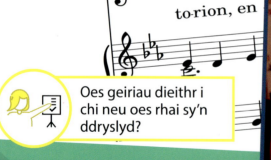

Oes geiriau dieithr i chi neu oes rhai sy'n ddryslyd?

Yr Anthem Genedlaethol

Yn wreiddiol roedd tri phennill i'r anthem, ond erbyn heddiw, rydyn ni fel arfer yn canu'r pennill cyntaf a'r gytgan yn unig:

Mae hen wlad fy nhadau yn annwyl i mi,
Gwlad beirdd a chantorion, enwogion o fri;
Ei gwrol ryfelwyr, gwladgarwyr tra mad,
Tros ryddid collasant eu gwaed.

Cytgan:
Gwlad, Gwlad, pleidiol wyf i'm gwlad,
Tra môr yn fur i'r bur hoff bau,
O bydded i'r heniaith barhau.

i mi, Gwlad beirdd a chan-

Oes gan unrhyw un gwestiwn am yr hyn rydych wedi ei ddarllen?

Geiriau Diddorol

Mae llawer o eiriau diddorol, a rhai efallai'n ddieithr, yn yr anthem. Tybed allwch chi ddyfalu beth yw ystyr rhai ohonyn nhw? Edrychwch mewn geiriadur am esboniad i weld a oeddech chi wedi dyfalu'n gywir. (Cofiwch fod geiriau weithiau'n treiglo e.e. mur>fur)

Erbyn hyn rydym yn gwybod bod...

elwyr, gwlad-gar-wyr tra mâd, Dros

d, plei - diol

Dyna Ddiddorol!

Edrychwch yn ofalus ar y geiriau yma:

mad
Ystyr 'mad' (gyda'r 'a' yn hir) yw 'hyfryd' neu 'hardd';

hoff bau: ('pau' wedi'i dreiglo)
Ydych chi'n gwybod beth yw Cymru yn Ffrangeg? Ie, Pays de Galles! Ystyr 'pays' yw 'gwlad'. Yr un gair yw'r hen air Cymraeg sydd yn yr anthem: 'pau'.

Tra môr yn fur (mur) i'r bur hoff bau (pau) . . .
Dyma ystyr y frawddeg hon . . .
Tra bod y môr yn wal o amgylch Cymru . . .

Mae'n siŵr y bydd y môr yn wal o amgylch y rhan fwyaf o Gymru am byth, felly yr hyn mae'r ddwy linell olaf yn ei ddweud yw bydded i'r iaith Gymraeg fyw am byth! Pe bai pawb sy'n gallu siarad Cymraeg yn ei ddefnyddio bob dydd, byddai hyn yn dod yn wir.

Defnyddiwch eich sgil o lithrddarllen i ddod o hyd i...

= f

3

Cyfansoddi'r Anthem

Wrth i mi edrych ar y cliwiau, rydw i'n meddwl bydd y testun yn sôn am...

Tad a Mab o Bontypridd

Yn 1847 daeth teulu bach i fyw i Bontypridd o Fedwellte. Y rhai enwocaf o'r teulu hwn yw Evan James a'i fab James James. Roedd Evan yn gweithio fel rheolwr ffatri wlân. Wrth weithio'r gwlân, byddai'n clywed rhythm a churiad y peiriannau, ac roedd hyn yn ei atgoffa o guriadau llinellau mewn barddoniaeth. Yn ôl y sôn, roedd o hyd yn cadw llechen wrth ei ochr i ysgrifennu syniadau am linellau fyddai'n dod i'w feddwl wrth iddo weithio.

Y Gerddoriaeth

Yn wahanol i'w dad, nid geiriau ond cerddoriaeth oedd yn mynd â bryd James James. Gallai ganu'r delyn yn hyfryd, a threuliai'r tad a'r mab nosweithiau hirion yn cyfansoddi caneuon. Mae'n debyg mai ym mis Mehefin 1856 y cyfansoddwyd 'Hen Wlad Fy Nhadau'. Yn ôl un hanesyn, cyfansoddodd James James y gerddoriaeth wrth iddo gerdded ar hyd glan afon Rhondda un diwrnod. Dyna pam y rhoddodd yr enw 'Glan Rhondda' ar y gerddoriaeth.

Oes yna eiriau dieithr i chi neu oes yna ran sy'n ddryslyd?

Oes gan unrhyw un gwestiwn am yr hyn rydych wedi ei ddarllen?

Cyhoeddi'r Anthem

Canwyd y gân gyntaf yn festri Capel Tabor, Maesteg, ond Clwb Gweithwyr Maesteg yw'r adeilad erbyn heddiw. Elizabeth John oedd enw'r gantores. Yna, cafodd y gân ei chyhoeddi gyntaf yn y llyfr '*Gems of Welsh Melody*' ac argraffwyd y gyfrol yn Rhuthun yn 1860.

Ewch ati i ymchwilio ymhellach am y llefydd hyn: Maesteg, Pontypridd, Rhuthun.

Parc Ynysangharad

Enw ar barc y dref ym Mhontypridd yw 'Parc Ynysangharad'. Er mai un gair yw 'Ynysangharad' erbyn heddiw, fe welwch chi fod dau air yn cuddio ynddo: 'ynys' ac 'Angharad'. Mae 'ynys' fel arfer yn golygu darn o dir gyda dŵr o'i gwmpas, ond gall hefyd olygu 'bro', 'ardal' a 'dôl ar lan dŵr'. Os ewch chi i Barc Ynysangharad ym Mhontypridd, gallwch weld cerflun i Evan a James James gan gerflunydd o'r enw Goscombe John.

Erbyn hyn rydym yn gwybod bod...

Trafodwch

Beth sy'n gwneud parc?
Oes parc yn eich ardal chi?
Beth yw'r manteision/anfanteision o gael parc?
Chwiliwch ar y we am wybodaeth am barciau enwog eraill yng Nghymru.

Defnyddiwch eich sgil o lithrddarllen i ddod o hyd i...

Bathu Arian

Wrth i mi edrych ar y cliwiau, rydw i'n meddwl bydd y testun yn sôn am…

Rhwng 1797 ac 1984 darn o bapur lliw gwyrdd oedd £1. Ond yn 1983, aeth y bathwyr arian ati i greu darn o fetel crwn i gynrychioli £1. Cafodd cynllunwyr y £1 hon y syniad o roi geiriau o amgylch y darn arian, ac ar y cyfan dewison nhw eiriau mewn iaith nad ydym ni'n ei deall yn hawdd iawn. Allwch chi ddod o hyd i ystyr DECUS ET TUTAMEN, neu NEMO ME IMPUNE LACESSIT? Ydych chi'n gwybod pa iaith yw hon?

Ond roedd un iaith arall i'w gweld ar ymylon y darn £1 gwreiddiol hefyd, sef y Gymraeg, a'r geiriau oedd: PLEIDIOL WYF I'M GWLAD.

Yna, yn 2016, daeth darn £1 newydd i fod. Mae ganddo ddeuddeg ochr ac mae mewn dau liw. Ond yn anffodus, nid oes unrhyw eiriau o amglych yr ochr a dim sôn felly am ein hanthem ni.

Allwch chi ddyfalu pa wledydd sy'n cael eu cynrychioli ar y darn punt heddiw? Esboniwch eich ateb.

Oes yna eiriau dieithr i chi neu oes yna ran sy'n ddryslyd?

6

Trafodwch beth yw ystyr 'pleidiol'

Oes gan unrhyw un gwestiwn am yr hyn rydych wedi ei ddarllen?

Mae 'pleidiol' yn dod o'r gair 'plaid'. Efallai eich bod wedi clywed y gair hwn ar y newyddion e.e. Plaid Cymru, y Blaid Lafur. Mae 'plaid' erbyn hyn yn golygu criw o bobl sy'n perthyn i'r un parti gwleidyddol. Ond hen ystyr y gair 'plaid' oedd wal.

Felly wrth glywed y gair 'plaid', roedd pobl yn meddwl ar ba ochr i'r wal oedden nhw, neu mewn geiriau eraill pwy oedden nhw yn ei gefnogi. Mae 'pleidiol' yn golygu eich bod yn cefnogi rhywbeth.

Erbyn hyn rydym yn gwybod bod...

Mae'r llun yn y cefndir yn dangos wal sydd wedi cael ei hadeiladu wrth blethu pren. Yr un gair yw 'pleth' a 'plaid'.

Yr un dechneg sy'n cael ei defnyddio wrth blethu gwallt hyd heddiw.

Defnyddiwch eich sgil o lithrddarllen i ddod o hyd i...

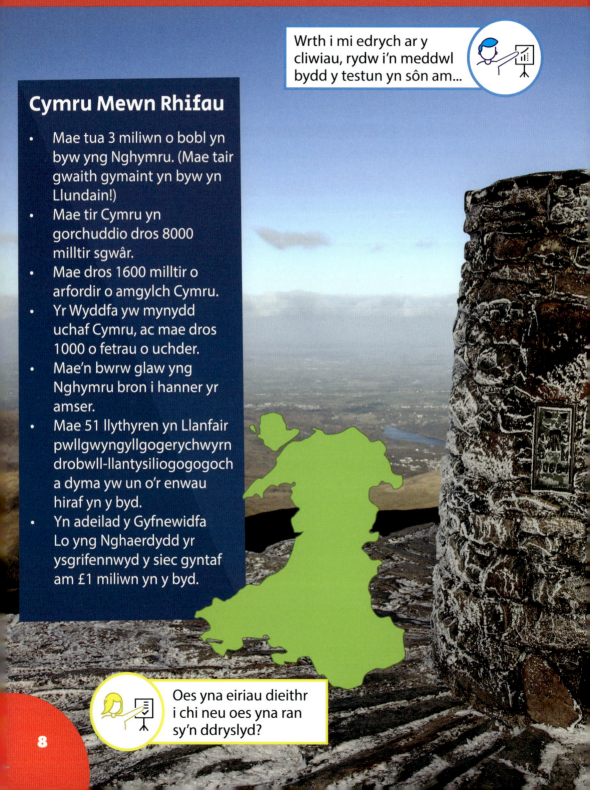

Wrth i mi edrych ar y cliwiau, rydw i'n meddwl bydd y testun yn sôn am...

Cymru Mewn Rhifau

- Mae tua 3 miliwn o bobl yn byw yng Nghymru. (Mae tair gwaith gymaint yn byw yn Llundain!)
- Mae tir Cymru yn gorchuddio dros 8000 milltir sgwâr.
- Mae dros 1600 milltir o arfordir o amgylch Cymru.
- Yr Wyddfa yw mynydd uchaf Cymru, ac mae dros 1000 o fetrau o uchder.
- Mae'n bwrw glaw yng Nghymru bron i hanner yr amser.
- Mae 51 llythyren yn Llanfair pwllgwyngyllgogerychwyrn drobwll-llantysiliogogogoch a dyma yw un o'r enwau hiraf yn y byd.
- Yn adeilad y Gyfnewidfa Lo yng Nghaerdydd yr ysgrifennwyd y siec gyntaf am £1 miliwn yn y byd.

Oes yna eiriau dieithr i chi neu oes yna ran sy'n ddryslyd?

Mae tua 300,000 o bobl yn siarad Cymraeg yng Nghymru. Mae targed gan y llywodraeth y bydd 1 miliwn o bobl yn gallu siarad yr iaith erbyn y flwyddyn 2050. Pe byddech chi'n Brifweinidog Cymru, sut byddech chi'n mynd ati i sicrhau fod hyn yn digwydd?

Yn eich barn chi, beth fyddai'n gwella'r sefyllfa?

Meddyliwch am slogan fyddai'n addas i'w defnyddio yn yr ymgyrch.

Oes gan unrhyw un gwestiwn am yr hyn rydych wedi ei ddarllen?

Enghraifft o slogan:

Cymraeg yw iaith y daith

Erbyn hyn rydym yn gwybod bod...

Bob 10 mlynedd, mae cyfrifiad yn digwydd yng ngwledydd Prydain sy'n rhoi ffigurau am wahanol agweddau o fywyd y bobl.

Er bod y ffigurau'n dangos fod canran y rhai sy'n siarad Cymraeg wedi mynd i lawr ychydig dros y deng mlynedd ddiwethaf, y newyddion da yw bod mwy o ganran o bobl ifanc yn gallu siarad Cymraeg erbyn hyn.

Defnyddiwch eich sgil o lithrddarllen i ddod o hyd i...

Gwlad Beirdd, Cantorion

Tri bardd o Gymru

Wrth i mi edrych ar y cliwiau, rydw i'n meddwl bydd y testun yn sôn am...

Dafydd ap Gwilym: Roedd y bardd hwn yn byw yn ardal Aberystwyth tua 600 mlynedd yn ôl, ac mae llawer yn dweud mai dyma fardd gorau Ewrop yn ei gyfnod.

Gwyneth Lewis: Ydych chi wedi gweld y geiriau ar flaen adeilad Canolfan y Mileniwm? Dyma'r bardd sydd wedi ysgrifennu'r geiriau hyn – 'Creu gwir fel gwydr o ffwrnais awen'.

Waldo Williams: Bardd arbennig iawn o Sir Benfro oedd Waldo Williams. Roedd yn heddychwr, sy'n golygu ei fod yn erbyn rhyfel o bob math mewn unrhyw amgylchiadau. Ym 1950 pan ddechreuodd Rhyfel Corea, gwrthododd Waldo Williams dalu treth i'r llywodraeth gan ei fod e'n gwybod y byddai rhan o'r dreth yn mynd i brynu arfau. Mae gwrthod talu treth yn drosedd ac felly bu'n rhaid i Waldo fynd i'r carchar. Meddyliwch! Dyn yn mynd i'r carchar oherwydd ei fod yn credu mewn heddwch!

Oes yna eiriau dieithr i chi neu oes yna ran sy'n ddryslyd?

Dau ganwr a chantores

Tom Jones: Un o Bontypridd oedd Tom Jones yn wreiddiol, yr un lle ag Evan a James James! Mae wedi byw yn America am ran fwyaf ei oes erbyn hyn.

Bryn Terfel: Mae Bryn Terfel yn ganwr opera enwog, ac yn dod o Bant-glas, rhwng Porthmadog a Chaernarfon.

Sophie Evans: Mae Sophie Evans wedi chwarae rhan Dorothy mewn sioe yn y West End yn Llundain ac wedi canu mewn cyngherddau ledled y byd.

ac Enwogion

Oes gan unrhyw un gwestiwn am yr hyn rydych wedi ei ddarllen?

Enwogion o fri

Robert Recorde: Un o Sir Benfro oedd yr athrylith hwn. Roedd yn fathemategydd ac yn feddyg. Dyma'r dyn a ddyfeisiodd yr arwydd '=' rydyn ni'n ei ddefnyddio bob dydd wrth wneud mathemateg.

Betsi Cadwaladr: Nyrs o ardal y Bala oedd Betsi Cadwaladr. Roedd wedi mynd i weithio yn Rhyfel y Crimea tua chanol y19eg ganrif. Roedd yn gweithio gyda'r nyrs enwog Florence Nightingale.

Gareth Bale: Daw'r pêl-droediwr byd enwog hwn o Gaerdydd a bu'n chwarae i dimau fel Southampton a Spurs, cyn ymuno â Real Madrid. Ond i ni yng Nghymru y peth pwysicaf yw ei fod yn un o sêr ein tîm cenedlaethol ni.

Erbyn hyn rydym yn gwybod bod...

Enwogion eraill

Mae llawer o bobl enwog yn dod o Gymru.
Beth yw bod yn enwog?
Fedrwch chi feddwl am bobl enwog sydd yn dod o'ch ardal chi?
Am beth hoffech chi fod yn enwog?
Chwiliwch am ragor o wybodaeth am enwogion eich ardal leol ar y we.

Defnyddiwch eich sgil o lithrddarllen i ddod o hyd i...

Dweud dy Ddweud!

Beth wyt ti'n ei wybod am y canlynol?

Geiriau'r anthem genedlaethol

Cyfansoddwyr yr anthem

Parc Ynysangharad

Bathu arian

Ystyr 'pleidiol'

Cymru mewn rhifau

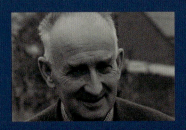

Beirdd enwog Cymru

Cantorion enwog o Gymru

Enwogion Cymru

Geirfa

maes
cenedlaethol
gwreiddiol - yn wreiddiol
mad
llechen
mynd â bryd
glan
argraffu

cyfrol
cerflun
pleth
cefnogi
gorchuddio
canran
dyfeisio
treth
enwogion

Hefyd yn y gyfres ...

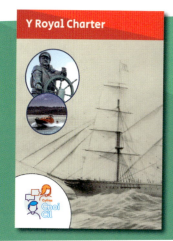

Y Royal Charter

Gafaelwch yn dynn!

Roedd Hydref 26ain yn ddiwrnod a newidiodd bentref bach Moelfre am byth. Tybed a wyddoch chi am hanes y llong stêm a aeth i drafferthion mewn storm fawr oddi ar arfordir gogledd Ynys Môn? Beth oedd y cargo? Sut gafodd y trigolion lleol eu trin gan newyddiadurwyr Llundain? Beth oedd rhan Charles Dickens yn y stori? Cewch atebion i'r cwestiynau yma a mwy wrth ddarllen a thrafod y llyfr hwn.

A oes tegwch?

Roedd Eisteddfod y Glowyr 1957 yn ddigwyddiad cyffrous iawn yn hanes tref glan môr boblogaidd Porthcawl. Tybed a wyddoch chi am hanes canwr, actor ac athletwr enwog iawn o America oedd fod i ganu yno? Beth oedd cefndir y gŵr enwog hwn? A lwyddodd pobl Porthcawl i glywed llais rhyfeddol y canwr enwog? Cewch atebion i'r cwestiynau yma a mwy wrth ddarllen a thrafod y llyfr hwn.

Paul Robeson

Bai ar Gam?

Na! Bai ar Gam?

Roedd haf 1831 yn gyfnod cythryblus iawn yn hanes tref Merthyr Tudful. Tybed a wyddoch chi am hanes y gwrthryfel? Pwy oedd yn gyfrifol amdano? A pha ŵr ifanc 23 oed gafodd fai ar gam? Cewch atebion i'r cwestiynau yma a mwy wrth ddarllen a thrafod y llyfr hwn.

Taniwch yr injan!

Mae Rali Cymru-GB yn ddigwyddiad rhyngwladol sy'n mynd â'r gyrwyr enwocaf yn y byd drwy goedwigoedd Eryri, Sir Ddinbych a chanolbarth Cymru. Tybed a wyddoch chi am hanes y rali? Pa geir a ddefnyddir? Pwy sy'n cystadlu? Cewch atebion i'r cwestiynau yma a mwy wrth ddarllen a thrafod y llyfr hwn.

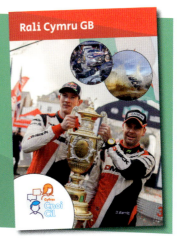

Rali Cymru GB

Cymru a'r Bêl Gron

C'mon Cymru!

Roedd haf 2016 yn gyfnod cyffrous iawn yn hanes ein tîm pêl-droed cenedlaethol. Tybed a wyddoch chi am hanes y gêm, rhai o'r chwaraewyr disgleiriaf a phwy sefydlodd y Gymdeithas Bêl-droed yng Nghymru? Cewch atebion i'r cwestiynau yma a mwy wrth ddarllen a thrafod y llyfr hwn.